JN437752

경건한 집

경건한 집

이태순 시집

Tae-Soon Lee's Poetry

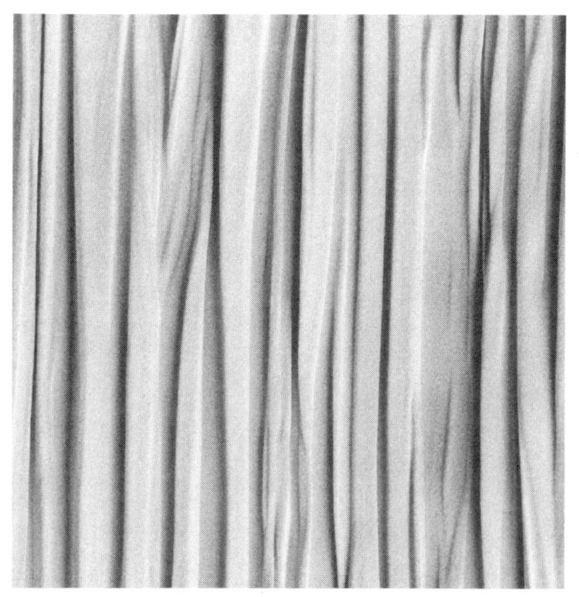

동학사

■ 시인의 말

아직은 뼈와 살이 덜 여물어 단단하지 못한 말들일망정
내가 오래 걸었던 그 길, 그냥 지나치지 말고
별빛으로
달빛으로
소소한 바람으로
촉촉이 내려앉기를 꿈꾸어 봅니다.

가까이서 넘치는 사랑으로 이끌어 준 따뜻한 눈빛들에게,
보이지 않는 먼 곳에서 늘 지켜봐 주시는 아버지께
삼가 첫 시집을 바칩니다.

2008년 11월

이 태 순

| 차례 |

3. 호두나무가 있는 마을

4. 마량리

5. 보랏빛 블라우스

1 마른 풀 울음소리

이태순시집_경건한 집

어둔리 살구나무

어둔리 길이 나고 등 떠밀려 온 살구나무

발 디딘 곳, 내 집이다 스스로 되뇌면서도

저수지 물속에 비친 제 모습이 서러웠다

나뭇가지 길게 뻗어 지난날 돌아보곤

무엔지 그리움에 눈 퉁퉁 부어올라

윤사월, 울컥 쏟아 낸 꽃잎 펑펑 터졌다

청동 금탁

회암사지 쩌렁 울린 나옹선사 말씀 따라

눅은 그림자 끌고 내려오는 가을 산빛

벽오동 크낙한 잎이 물들어 가는 저 곳에

당초문 도드라진, 조선 왕조의 청동 금탁

긴 침묵 깨고 우는 소리 천축에 가 이르렀나

둥글게, 모나지 않게 되돌아오는 산 메아리!

쑥부쟁이

자식 따라 서울 간 황씨네 기와집 앞

감나무 밑에 앉아 홍시 감 오물거리던

두 노인 딴소리하며 동구 밖 힐끔거린다

쑥부쟁이 늦도록 피어 적막을 털어내도

땅거미 지는 길목 친구 생각 사무쳐 와

가슴에 빈 집 먼저 든, 늦가을 저 노인들

고요리 사과나무

마른 풀 헛손질하는 길을 걷다가 보면

하늘이 너무 파래 자꾸 눈이 젖었다

회색빛 긴 과수원 앞 덩그렇게 놓인 빈 집

난 바삭한 겨울이 되어 검불처럼 흩날렸다

햇살도 짧은 오후, 바람이 불 때마다

고요리 골짜기에는 묵은 사과 냄새가 났다

경건한 집

가는 길 그 여름의 팔월 끝은 더 깊어져

짙게 드리운 그늘, 넓은 이파리 뒷등에는

바람만 들락거리는 얇디얇은 집 한 채

세상 가장 가벼운 집, 푸른 잎에 벗어 두고

나무 둥치 달라붙어 이젠 울지 않는 저 매미

경건한 빈 집 남기고 풍장 홀로 되어가네

애벌레

구부린 새우처럼 야윈 등뼈 그 위로
잠시 내려앉았던 엷은 햇살 지나가고
일어설 힘조차 잃은 아버지는 애벌레다

부러진 발가락 사이 툭툭 힘줄 끊기고
마르고 들뜬 껍질 허물로 누워 있다
아버지 발끝에 나는 갓 깨어난 흰나비

숨 몰아쉬며 몰아쉬며 가야 할 길 생각한다
펴지 못한 날갯죽지 슬프게 파닥이고
내 속엔 꼬물거리는 애벌레가 자란다

메디슨 카운티의 다리

무시로 화끈대던 가슴 외려 서늘한 날
겨우내 피워온 꿈, 저 깊은 밑바닥에도
기억은 흰나방처럼 뿌옇게 떠다닌다

어디부터 엉켰는지 길 찾아 헤매이면
연초록 가는 손길 꼬인 매듭 풀어내고
눈 틔운 이파리 열려 꽃물 가득 올라온다

엷은 촉각 곤두세워 까칠한 얼굴 비비면
어둠을 뚫고 나온 익숙한 환영의 시간
환하게, 또 희미하게, 기다리는 사내 하나

굵은 실로 촘촘히 짠 헐렁한 스웨터를 입고
중년 여자가 서 있는 메디슨카운티의 다리
로버트 킨케이드가 폭풍을 몰고 온다

물빛이 어지러운가?

깊은 협곡 돌이 되어 세상 일 귀 기울이나

움푹 패인 저 눈빛 털북숭이 임꺽정아

물빛이 어지러운가? 들숨 날숨 거친 소리

하마 보일까, 보일까, 가슴에 품은 그 소저

구릿빛 이두박근 고석정孤石亭 떠받들고

사내여, 외로이 서서 어디쯤 눈길 두나

적막한 뜰

단풍처럼 물이 들어 좁은 산길 올라가면

싸리나무 물오리나무, 뒷등이 젖어 있는

그 집은 바람 들어도 나무 냄새가 났다

누군가 오래 살다 버리고 간 나무집 앞에

어미 찾는 짐승마냥 어둑한 산 빛이 내려와

적막한 돌계단 뜰에 웅크리고 앉았다

불혹, 깊은 강가에서

쓸쓸함 툭툭 던지며 등을 보이는 늦가을
화들짝 놀란 불혹, 까칠한 그 그림자가
에도는 깊은 저 강가 먹물 입고 번져 가데

어스름 열병처럼 물빛에 젖어 젖어가도
빈 하늘만 가득 안고 둥둥 뜨는 개구리밥
벽오동 크낙한 잎은 물이 들고 있는데

몇날 며칠 귀만 열면 누군가 부르는 소리
내가 비워 두고 온, 오래된 집 한 채가
바람이 들어찼는지 덜컹이고 있나 보데

마른 풀 울음소리

가을빛 끝물 도는 도피안사* 찾아간다
저 산도 어깨 부딪쳐 피멍이 들어 있고
사는 게 어디 한 번쯤 꿰맨 흉터 없을까

이내 걸어가지 못해 손 안 닿은 집 있는지
나지막이 돌아앉은 마른 풀 울음소리
억새풀 속잎이 젖고 바람에 목이 쉰다

살이 삭아, 삭고 나면 피안에 들 수 있을까
타다 남은 장작 지펴 빈 들녘 불 밝힌 날
가랑잎 수북이 쌓여 탑을 하나 만든다

---

* 도피안사 : 신라 경문왕 5년(865) 강원도 철원군 동송읍 화개산에 도선국사가 창건한 사찰.

감꽃

바람보다 몸 가벼운 감꽃이 지고 있다
오래된 작은 창문 감나무에 가려지고
하나 둘,
등을 내거는
갓 눈 뜬 푸른 별빛

흰나비 떼, 춤을 추던 울타리 없는 화단엔
꽃이 되고 별무리 된 아득한 저 칸타타
오늘 밤
어느 지붕 밑
긴 이별을 하고 있나

지상의 겨울

렌즈 속 아롱대는 한 줌의 빛살 품고
부스스한 중년 사내 덜컹 문 열었지만
세상은, 냉담한 문턱 아찔한 벼랑이다

퍼렇게 날 선 도시 그 밑을 배회하다
낮은 지붕 위에 뜬 별빛 하나 낯이 익어
오래 전 삽질하다 둔 흙냄새가 그리웠다

차디찬 지상의 겨울, 새벽은 다시 오고
길 없는 길을 걷다 중얼거리는 저 사내
아직은 살 만한 거야, 눈빛 젖어 번득이며……

2

가을 손님

이태순 시집 _ 경건한 집

바람개비 도는 오후

1
한 뼘의 저 가슴속 바람개비 도는 오후
뜨겁게 혹은 시리게 돌개바람 일으키면
들뜨다 시들해지는, 여자가 돌아앉는다

2
여자가 걷는 길은 먼지 가득 쌓인다
아무도 오지 않아 처녀림 숲이 되고
강물을 가로질러서 이른 저녁이 오고 있다

3
어두움 둥진 여자, 젖은 별을 모은다
난해한 숫자놀이 어지럼증 되도지고
몸속의 푸른 잔뿌리 쉼없이 기어오른다

티눈

티눈 박힌 새끼손가락 자꾸만 까슬거렸다

처음이자, 마지막으로 어루만져 본 얼굴

티눈에 긁히실까봐 손가락을 꼬부렸다

아버지 입으신 수의가 봄빛처럼 고왔다

늦봄까지 바람이 불고, 배꽃이 흩날리고,

아버지 언제 가져 가셨는지 티눈이 없어졌다

초성리역

아주 작은 간이역, 기차가 지나간다
대합실 나무의자 위 익숙히 앉은 고요
늦가을 초성리역엔 사람 냄새 그립다

바람은 심심풀이로 문틈을 들락거리고
산 너머 낡은 외딴집 안부가 궁금한 날
담장 안 키 작은 꽃이 묵묵히 지고 있다

갈잎 걸친 계절은 철로를 밟고 가고
나 또한 축축이 젖어 갈 길을 서두를 때
손잡은 계집아이들 단풍처럼 볼이 붉다

꼭지

둥그런 뽀얀 살집 탱탱하게 부풀어져

복사꽃 흐드러진 연분홍빛 어느 봄밤

보름달 그 환한 둘레, 꼭지가 여물었다

가을 손님

—꿈

햇빛도 쓸쓸한 가을 아버지가 오셨다

논 밭 먼저 들렀는지 발치 들풀 묻힌 채

툇마루 가부좌 틀고 손님처럼 앉아 있다

급한 대로 동태전에 막걸리 한 사발을

온 정성 들여가며 상에 차려 올리자

너 먼저, 마시고 다오!

늦봄 먼 길 가신 울 아버지

그해 겨울 임진강

마른 풀 누런 대궁 풀썩풀썩 꺾어지던
그해 겨울 이별은 아직 길 위에 있고
기차는
긴 그림자 끌며
왔던 길 돌아간다

고개 숙이고 모여 앉아 빈 들녘 촘촘히 깁는
저어새 재두루미가 성자처럼 보이는 저녁
강 건너
두 손 모으고
등불 켜는 사람 있다

고욤꽃

1

큰집 할머니 환갑날
흰 두루마기에 갓 쓰시고

약주 서너 잔 들고, 우시던 할아버지

고욤꽃
덜 핀 나무 뒤
숨어서 울었다

2

순이, 명자, 명희와
고욤나무 그늘 아래

후두둑 떨어진 일곱 살을 주워 먹고

마흔 살
막 돌아설 때
고욤꽃을 만났다

안부

주음치리, 강을 끼고 간이역 하나 있다면
애기똥풀 모여 앉아 말갛게 배냇짓하는
여름날 그곳에 내려 긴 안부 묻고 싶다

짙푸른 산 빛처럼, 청년의 눈빛 날이 선 곳
갓 쪄낸 시루떡을 무명 앞섶에 품어 안고
먼발치 하마 보일까 까치발로 서 있다

어떤 가족

바다를 내려다보며 가족상이 앉아 있다
엄마 등에 매달려 볼 비비는 사내아이
그 아이 푸른 눈 속엔 고래가 들어 있다

가족을 끌어안은 조각상 아빠 품에
날마다 갓난아기는 잠이 들고, 잠이 깨고
햇빛에 말랑하게 데운, 엄마 젖을 물고 있다

달무리 서다

어느 외진 절벽
보름날 한 번씩이라도
슬픈 늑대로 나타나
울어나 주었으면
가시밭
살 찢기어도
맨발로 뛰어나 갔으면……

물 차올라 터질 것 같은,
터질 것 같은 날,
멀리서 안절부절
미리내 뒤에 숨었는지
눈자위
붉어진 얼굴
바라보기나 하였으면……

검은 기침

— 진폐증

물이 물을 씻겨내며 숨이 차 쿨렁거린다

벗겨도, 벗겨내도 지울 수 없는 원죄처럼

그늘진 모퉁이 저편 기침소리 이어진다

막장 같던 사십 년을 꺼멓게 파 들어간

석탄 가루 겹겹이 곱쌓인 가슴속은

쇳소리 컹컹 울리는 굴이 되어 버렸다

가랑잎 날리듯이 가랑가랑 앓아가며

막힌 굴 뚫고 있는 호흡기 꽂은 노인

인기척 끊긴 문 앞에 민들레는 또 피었다

불영지

영일만, 동해면 둥글고 긴 해안선에서

등뼈가 아름다운 저 하얀 파도를 보며

모든 것 죄다 버리고 물이 되고 싶었다

갈 길은 아직 멀어 소금기 털고 돌아서면

두 눈 가득 들어차는 검붉은 목어 한 마리

바다도 가고 싶은 그곳, 불영지가 있었다

불영지에 내리는 비

안개 낀 산을 돌아 그냥 지나가듯 말고

연잎에 구르는 이슬 그 소리 듣고 싶으면

모든 것 떨쳐 버리고 귀만 열어 보아요

모랫바람 서걱거리는 길을 헤쳐 오면서도

뿌리내리고 싶은, 그런 땅 한 평 보았다면

불영지, 내리는 비에 푹 젖어 보아요

3 호두나무가 있는 마을

이태순 시집 _ 경건한 집

봄, 마흔 지나

1
주홍빛 칠 벗겨진 대문 틈새로 보인

그날 빈 집 마당엔

봄빛이 가득했다

겨우내, 둘둘 감았던 머플러를 풀었다

2
신발만 놓인 봉당 아래 새똥 묻은 꽃, 피다 지고

바람 들고

비 젖어도

훅 끼친 아버지 발 냄새

가만히 발 넣어 보다, 마흔은 벗어 두고 왔다

봄, 감포에서 일박

비릿한 바람 부는 감포에서 일박할 때

풋내 잔뜩 묻힌 포구 밤새도록 질펀했고

그 봄밤 내 방을 지나, 배 한 척 바다로 갔다

호두나무가 있는 마을

몇 채의 작은 집과 호두나무 숲이 있는 저 곳

낯익은 대문 열고 젖은 손을 닦으며

젖 냄새 물씬 나는 어머니, 걸어 나올 것만 같아

어린애처럼 젖 빨고 싶은, 호두 익는 가을날

강은 둥그런 품으로 마을 포옥 감싸고

흰 새떼 식솔 거느리고 마을로 들어간다

화진포

그렁그러한 가을은 진부령을 넘어왔다

파도가 꽃을 피우는 저녁바다 앞에서

참았던 눈물 한줌이
꽃잎처럼 지고 있다

앙상한 손가락 사이 달빛 조각 물컹거리고

화진포 밤바다에서 제 향을 맡아 보는 여자

포구의 비린내 같은,
곰소항 새우젓 같은

어떤 풍경

1. 수덕사에 내리는 비

산빛 깨치지 못한 마음 따라오지 못하고

빈 몸은 자꾸 젖어 산보다 더 무거운데

손등에 떨어진 빗방울, 절 집을 품고 있네

2. 장미꽃 상여

장미 울타리 한 채 꽃상여처럼 흔들리네

겹겹이 꼭 싸맨 향기 사나흘 붉어지고

벼랑길 날아오르는, 눈이 먼 저 흰나비 떼

폐선 위의 여자

반쯤 기운 폐선 위 푸른 달빛 돌돌 감고

목백일홍 나무처럼 비스듬히 앉은 여자

섬 속의 섬이 되고파 사내는 바다로 갔다

꽃물 들인 먼 섬은 보름마다 떠오르고

붉게 부는 휘파람소리 심해까지 닿았는지

바다는 여자 귓가에 비파 타는 소릴 냈다

작은주홍부전나비

저 엄지 손톱만한 작은주홍부전나비

검은 점 박힌 날개 접었다, 폈다 하는 동안

금불초
꽃무더기가
하르르 피고 있다

햇살 따가운 한낮, 언뜻 비친 주근깨 소녀의

말간 기억 달아맨 나비는 날아가고

허름한
신발을 신고
휘적휘적 걷는 여자

율곡리 삽화

1

흐드러진 모란밭은 과수원이 되었지

헌 집 줄게 새집 다오 두꺼비 집 짓던 유년은 바람도 여린 바람, 햇살도 날것이라
사금파리 퍼담은 흙 젖비린내 몰캉 났지

줄무늬 블라우스에 사과꽃 지는 오후

2

속살까지 봄물 들어 거기 그리 앉아 있는
산빛 한 짐 지고 가다, 밤나무 품고 가다
집 몇 채 쓸쓸할까봐 고향 슬쩍 내려놓았지

귀 막은 세상 낙향하여 밤실 자주 거닐었다는
신도비만 덩그렇던 홍귀달* 선생 생각에
늦은 봄 마흔의 여자, 모란처럼 붉어졌지

---

* 홍귀달 : 조선 후기 대제학.

오후 3시

벌개미취 흐드러진 간이역쯤 와 있다
흠집 나고 닳아진 나무의자 앞에서
내 모습 참 많이 닮아 편안함이 배어든다

흙 묻은 발을 털며 앉아 볼까 생각하다
방금 보낸 이별이 너무 아플 것 같아
쓸쓸히 머금고 있는 물기를 닦아 준다

내겐 아직 식지 않은, 오후 3시가 기다리고
떫은 물 삭힌 홍시 발갛게 익을 때까지
밝혀 둘 가슴 한 켠으로 남몰래 비워 둔다

절벽, 바늘꽃 피고

붉은 꽃 긴 모가지 툭툭 끊어져 간 밤
그림자도 버거워 맨발로 기어올라
절벽 위 서 있는 그대
위태로운 젊음아!

꼭 죄어온 결박 풀고 천 길 낭떠러지 보면
실타래처럼 늘어진 아픔이여, 미련이여
숱하게 쏟아진 눈물
절벽 길 만들었구나

누가 걸어갔을까 가슴 조인 저 유월을
썩은 둥치 베어낸 벼린 날 푸른 별빛
모가지 날아간 꽃대 끝
미리내가 앉는다

허허로운 골짜기 떠나고 오는 소리
하 세월 떠돌다가 절벽 어귀 핀 바늘꽃
찢어진 세상의 옷깃 바람으로 기운다

서산 마애존불

재래시장 한 귀퉁이 구부정한 김씨 아저씨
눈에 넣어도 차지 않을 허름한 살림살이를
개심사開心寺, 한 채 모시듯 등에 그리 지고 있다

십 년째 누운 노모 밥상 차릴 그 생각에
히죽히죽 웃다가 양철 쟁반 두드리다
백 원만, 백 원만 줘요, 염화시중 손 흔드네

반편이 김씨 얼굴 서산 마애존불 같아
햇살 먼저 내려와, 보시해 놓은 쟁반 위
동전이 올려질 때마다, 뎅그렁 풍경이 운다

3월에 내리는 눈

3월은 와 있는데 1번지 눈 올 것 같다

황금빛 굴삭기가 판잣집 우지끈 밟고

흙먼지 풀풀 날리는 언덕 위에 선 아이들

축제처럼, 주문 외듯 입 모아 노래 부른다

두껍아 두껍아, 헌 집 줄게 새집 다오

두껍아 황금 두껍아, 헌 집 줄게 새집 다오

나비같이 팔랑거리는 저 꽃송이 눈꽃송이

손바닥을 펴들고 좇아가는 아이들

나비야 흰나비 떼야 이리 날아오너라

저물녘 우포에 눕다

저물녘 우포에서 쓸쓸함을 내렸다

여기서는 널 안아 주마, 고단한 어깨 풀어 주마

저 늪물
어둠 두툼히 깔고
먼 산까지 눕혔다

여름내 가시연꽃
집을 짓고
등을 달고

눈물 자국 난 어린 별, 어미 품 찾나 싶어

저 늪물
잠 못 이루고
뜬 눈으로 지샜다

4

마랑리

간이역 노부부

입동도 벌써 지나 서리꽃 피어나고
난로 위 주전자가 들썩이는 간이역
노부부, 야생초 넣은 찻물을 우려냅니다

해종일 들고 나는 몸이 시린 사람들
따뜻하게 채워진 차 한 잔 받아들 때
투박한 손의 온기가 고향 아랫목 같습니다

뒤척이는 갈잎 소리 이명처럼 들려오고
미처 떠나지 못한 누군가를 기다리며
노부부, 가슴 데워 줄 찻물 또 올립니다

마량리

검게 그을린 어부 바다를 끌고 집에 간다

동백꽃 같은 아내, 귀밑머리 흩날리고

심줄 툭
불거진 파도
만개하는 저 소리

남한강 물빛

그 무슨 물이란 물은 다 같은 물빛이던가?
구부린 먹빛 가지, 벼랑 위의 느티나무
남한강 깊숙한 기슭 한 획 굵게 긋고 있다

가던 길 멈춘 물은 바랑 벗어 놓게 하고
풍경이 풍경 흔드는 절 집 돌아 나갈 때
금선어金線魚 등 비늘처럼 번쩍거리는 저 한 획

댓잎보다 짙푸르게, 노을보다 붉고 붉게
흰 등뼈 곧추세우고 경전經典 펼쳐 보이는
신륵사 나옹선사가 성큼 다가설 것만 같다

석등

부석사 무량수전 앞, 오래된 석등 벽엔

수줍은 보살님들 문드러진 천 년 미소,

저 우주
떠받들고서
불을 켜는 신라인

봄날이 간다

할미새, 할미새야 주모는 어디 갔노?

빗금 친 외상값만 바람벽에 남아 있는

낙동강 물소리인가, 삼강 주막이 왁자하다

이리 와 한 잔 하오, 이리 와 쉬어 가소,

늙은 주모 육자배기, 보부상 술 따르는 소리

나그네 허리띠 끄르고 봄날은 그리 간다

도시의 사막

피사의 사탑처럼 도시는 기울어져
푸석한 낯빛으로 거친 숨을 토해 낸다
부리가 헐은 비둘기, 사람과 같이 앓고 있다

꽃잎 날리던 오래된 길 뿌옇게 지워지고
집 못 찾는 나비 떼 황사바람에 파닥인다
세상은 빈혈앓이에 빙글빙글 돌고 있다

푸른 물 보이지 않아, 자꾸만 갈증나는
햇빛도 비껴 앉고 별들도 등을 꺼 버리고
도시는 허우적대는 청맹과니, 청맹과니

밥알

휘파람새 앉았다 간 찔레 가지 따뜻하다

바람이 먹다 남긴, 하얗게 핀 저 밥알

어머니 손끝 향이여, 가난한 부엌 시장기여

그 남자의 엄마

1

어물전 새로 내듯 시집 간 그 남자 엄마는
석류 툭 터질 때마다 아이 낳고, 또 낳고
제 전廛의, 영역 불리듯 오지게 낳았다지
부기 빠질 새 없는 얼굴, 소금꽃 허옇게 피고
부둣가 웅크리고 앉아 꽁치 배 갈라내며
허기진 빈 속 채우듯 소금 툭툭 쳐댔다지

2

유년엔 몇십 리 길 한숨에 달음박질치고
엄마 등만 지켜보다 돌아서곤 했었다지
술 냄새 비린내 배인 엄마 살 비비고 싶어……

3

부둣가 함지박 놓고 앉아 있는 그 남자의 엄마
털모자 깃 밑으로 흘러나온 흰 머리칼이
명치 끝, 쿡 찔러대던 가시처럼 보였다지

4월의 부처

입춘 지나 스님이 부처 한 분 모시라 했다

귓등으로 흘리고, 또 한 달 지나가고

진달래 길 밝히던 날 스님은 입적하셨다

바람이 부는 저녁, 내 뜰엔 풍경이 울고

눈빛이 아주 맑은 열세 살 사내아이가

석굴암, 부처 모시고 4월 건너 오고 있다

눈 붉어지는 오후

시월 하순 가을은 햇살도 물렁해서

엊그제 들려오던 풀벌레소리 뚝 그치자

왜 하필 저 바람까지 날 흔들어 놓는지

당초무늬 틀어져 거뭇한 상처 엿보이고

늙은 나무 밑에 서면 더 짙어지는 오후

보랏빛 긴 생각만이 먼 길을 가고 있다

폭설

싸목싸목 내려앉는
희디흰 저 따뜻한 예감
이 겨울 한번쯤은
똑같은 빛깔되어
하나로
부둥켜안고
환한 이승 맞고 싶어

떠돌던 거짓부렁이
잠복기에 들어가고
힘겨웠던 가슴들
포개지는 소리 들려
노숙도
오늘만큼은
가위 눌리지 않아

국망봉에서 궁예를 만나다

이우는 바람 따라 뒷걸음쳤을 궁예지만
눈 부릅뜬 그 위엄은 산처럼 밀려온다
둥둥둥 저 큰 북 소리, 태봉의 함성인가

굽이친 능선 돌며, 안개를 걷어내며
철원 들판 지나고 얼음강 지치고 와
지어미 찾는 한 사내, 옴마니 반메훔

천 년을 벗어 던진 국망봉*이 울고 있다
노을빛보다 더 눈 붉어 떠도는 새 한 마리
강씨봉 마른 골짜기 깃털 날리며 훨훨

철새 몇이 내려와서 그리움을 풀어 놓고
무학산 능선을 따라 느낌표를 찍고 간다
접혔던 내 꿈도 살아
그들 따라 나선다

---

* 국망봉國望峰: 궁예가 폭정을 일삼게 되어 그의 부인이 말리자 부인을 강씨봉으로 내쫓았다. 나라가 망하고 궁예가 강씨 부인을 찾았을 때 부인은 세상을 뜬 뒤여서 궁예가 국망봉에 올라 회한의 눈물을 흘렸다고 한다. 경기도 포천 이동에 위치해 있다.

직녀성

먼 강, 다다를 쯤 거문고 소리 들리겠지
이승이 아닌 다음 저 후승에서라도
직녀성, 환한 후원에 깁 두르고 앉은 날

먼 뒤안길 내려 보면 모란은 다시 피고
수사슴 긴 다리 닮은 노각나무 뒤에 숨어
눈이 큰 계집아이가 누군가를 엿보겠지

5 보랏빛 블라우스

이태순시집_경건한집

부석사, 흰 달

죄 많다, 생각 끝에 일주문 다시 들다

짙푸른 탱자 가시 부드럽게 돋아 있고

사람도, 사과나무도 둥글게 익어 간다

바람처럼 걸어가는 노스님 옷자락엔

늦여름 면벽 풀고 끌려가는 저 산 빛!

부석사 법고 소리에 흰 달은 살이 찬다

가을 염문

우리 이리 후줄근해도 산 깊이만한 가슴 있지

이따금 폭풍 몰아치고 소나기 퍼붓지만

먼 그대 말 한 마디에 함박꽃 나무가 되지

우리 이리 살기 바빠 그리움도 밀쳐두고

곱쌓인 걱정 많아 잠 못 든 날 숱하지만

축 처진 그대 어깨를 이젠 감싸 안아야 할 때

오래도록 지켜 본 저 눈빛, 눈빛 속엔

장작불 활활 타던 그런 격정, 식었지만

우리는 물처럼 흘러, 흘러야 할 묵은 사랑

한계리 그 후

물과 불은 원수가 아녀, 불과 물은 원수가 아녀

틀렸지, 내 틀렸지, 그 물을 또 먹고 있데이

앞산도 그리 서러운지 우우웅 울다 무너지데

한 순간 다 휩쓸어 갔어, 날벼락 덮쳐 와서

허허 참 이상도 하지 상처자국 이리 깊은데

떠나지 못하는기라, 한계리 못 떠나는기라……

강

입춘이 흔들고 간 버짐 핀 나뭇가지
부산하게 몸 비비며 마른 각질 떨궈낸다
강물은 결빙 풀고서 길 떠날 채비한다

아직은 어지럼증 허방다리 짚어대다
웅크린 깊은 물속 하얀 맥박 박동치는 날
짜고도 매웠던 눈물범벅, 내 안의 배를 푼다

얼마만큼 흘러가야 만날지 모르지만
푸른 가슴 열어 줄 그리운 포구에는
배 한 척 대는 소리에 또 봄은 오겠지

대구탕

오랜만에 만난 노인들 식당에 앉아 있다

한 끼를 끓여대는 우그러진 냄비 속엔

접시꽃 대여섯 송이, 붉게 붉게 피어난다

안부 담긴 술잔이 몇 차례 더 오가고

뽀얀 김 후후 불며 꽃송이 한술 뜨는

짜고도 비릿한 입가, 꽃잎이 번져 있다

눈부처

어둑한 언덕배기 빼빼마른 나뭇가지
샛별 하나 떠돌다가, 꿈결 속에 떠돌다가
눈꺼풀
걷어 올리고
검은 호수 질러가네

눈부셔 볼 수 없는 그대 홀로 반짝이고
배 한 척 띄워 볼까 상앗대를 저어 갈까
차라리 강물이 되어
눈부처 건네주리

그믐

울타리 콩 늘어져 작은 담 이어 놓은

고요 깔린 삼강마을 이슥하도록 술이 익었다

늦게 핀 꽃들의 눈이 거슴츠레 발개졌다

삼강주막 서성이는 검은 사내 몸짓처럼

그믐께 들어서고야 더 선명한 회화나무

굽어진 긴 뿌리들이 낙동강에 닿아 있다

그대 뜰, 조선오동나무

산구절초 길 밝히고 별 총총 달게 여물어
내 나이만한 사랑 지고, 그대 뜰 찾아간 날
맨발의 조선오동나무, 외로 선 그늘 깊다

끓여 놓은 찻물이 식어 가는 늦은 저녁
내리지 못한 사랑 지고, 그대 뜰 나서는 날
누대를 지켜 본 오동, 이제 그만 눕고 싶다

흘림골에 들다
— 여심폭포

붉은 속살 감추고 흘림골* 든 여심폭포

달 뜨면 꽃물 들고 달 지면 꽃물 흐르고, 참나무 졸참나무 떡갈나무 서어나무, 길 트고 비켜 앉자 아! 보이네 산안개 속, 천년 묵은 궁문宮門 앞에 불끈불끈 치솟는 산봉, 귀때기봉 칠형제봉 하늘 깃 두른 저 발기, 이 하루 나도송이* 붉게 물들어 축제처럼 술렁거리고,

화다닥 설악이 탄다, 단풍물 홍건하다

---

* 흘림골 : 남설악 흘림골 그 속에 여성의 궁문을 닮은 20미터의 여심폭포가 있다.
* 나도송이 : 반기생식물로 현삼과의 한해살이풀이며 전국 각지 산야의 양지쪽 초원에 자생한다.

하얀 귀밑머리 날리며

물안개 그리 감고 이역異域 먼 길 오려는가.

오직 한 소저小姐 품어 안고 달의 바위 찍고 찍다, 구릿빛 가락지 하나 언약의 가락지 하나, 그대 살 속 가람 무명 손가락 둘러 끼울 가락지 하나 예비하지 못하고, 한탄강에 몸을 부려 뗏목 타고 흘러갔네. 이사랑아 슬픈 장사 이사랑아, 저 강물 주절주절 고苦를 푸는 저린 가슴 저린 이야기. 비늘 돋은 금물결 실타래 같은 은물결, 비단 무늬 길을 놓자 비단 무늬 길을 열자. 상사화 벙글다 지고 보름달 솟았다 지네, 미리내 별꽃들이 눈물처럼 쏟아진 날. 소저여, 이사랑이여 긴 옷자락 거머쥐고, 하얀 귀밑머리 날리며 휘날리며 천년 넘어오려는가.

소저여, 이사랑이여, 천년 도로 넘어가려는가.

---

* 이사랑이라는 장사가 한탄강 선바위에서 노니는 선녀에게 반해 바위를 찍으며 선바위에 오르는 사이 선녀는 하늘로 올라가 버려, 가슴 아파하다가 강물에 뛰어들어 죽었다는 전설이 있다. '이사랑'의 이름을 따 세운 '사랑교'가 지금도 남아 있다.

별밤지기

눈 뜨고도 더듬는 길 자박자박 걸어서
가르마 곱게 타고 치렁하게 늘어뜨린
어둠은 숱 많은 머리, 고요히도 빗는다

맑은 밤 물보라치는 아득한 저 별무리
아직 이르지 못한 푸른 별꽃 기다려
하나 둘 꽃대가 되어, 정수리에 얹고 싶다

보랏빛 블라우스

숱 많은 보랏빛 꽃이 블라우스를 입으란다

거울 속 잔잔하게 웃고 있는 저 여자

꽃주름 서늘한 눈매가, 강물처럼 깊어진다

포구의 일몰처럼

유효기간 딱지 붙은 등짐 다 내려놓고
여기까지 와 있나 발길 멈춰 서 보면
포구의 저 일몰처럼 쓸쓸하기도 하는 법

비리디 비린 우리 사랑 손잡고 닦아 주다
섬 안의 섬에 핀 환장할 꽃물에 취해
포구의 저 일몰처럼 불콰해지기도 하는 법

눈 뜨면 같이 눈 뜨는 칠천도에 잠시 머물다
지나는 배 한 척에 남은 짐을 싣다 보면
포구의 저 일몰처럼 아쉬움도 남는 법

작품 해설

이 태 순 시 집 _ 경 건 한 집

■ 작품 해설

근원을 갈망하는 감각과 시적 상상력

유성호(문학평론가 · 한양대 교수)

1

원래 '시'는 일정한 상황 아래서 빚어지는 인간의 정서나 반응, 가치 판단을 짧은 언어적 형식 안에 담아내는 예술 양식이다. 그래서 시는 인간의 사상과 정서를 표현하되, 유기적이고 통일적인 구조를 지닌 운율적 언어로 형상화한 문학을 말한다. 일정한 서사적 흐름을 갖는 '이야기'의 전개보다는 순간적인 '정서' 표현에 의존하는 시의 이러한 특성은 널리 공인되고 있다.

19세기 영국 낭만주의 시인 워즈워스(W. Wordsworth)가 "시는 강렬한 감정의 자발적인 넘쳐흐름"이라고 정의한 데서 볼 수 있듯이, 시의 정서 표현적 속성은 가장 중요하고도 고유한 지표가 되고 있다. 또한 시는 우리에게 때로 위안이 되기도 하고, 때로 지적 충격을 주기도 하며, 때로 즐거움의 대상으로 다가오기도 한다. 이때 시적 감정은 가치 있고 숭고한 방향으로, 균형과 조화를 이루는 방향으로, 심미적 효과를 이루는 방향으로 조직되

게 마련이다. 하지만 현대시에 와서는 그것이 비속성 그대로를 노출하기도 하고, 일탈과 부조화 또는 파괴의 시학으로 나아가기도 하고, '추醜'의 미학을 선보이는 경향으로도 종종 드러난다. 또 철학화나 관념화의 경향도 줄곧 나타나는데, 이럴 경우 시적 상상력의 새로움(novelty)이 중요한 관건으로 작용함은 말할 나위도 없다. 그런가 하면 최근의 시는 영상 장르에 주도권을 내줌은 물론, 같은 활자 장르 중에서도 소수의 장르로 인정되어 가고 있다.

하지만 시는 언제나 문화의 핵심에 그 자리를 잡아온 전통을 또한 가지고 있다. 인류의 시원始原으로 거슬러 올라갈 경우 그들의 사고는 언제나 시적 상상력의 형식이었으며, 이러한 시적 상상력의 형식은 비인간화의 방향으로 내닫는 현대 문명 사회에서 숨길을 트는 강력한 문화적 항체가 될 수 있다. 이처럼 정보나 이성보다는 감정과 상상을 중히 여기는 인간의 정서적 충동 때문에도 시는 그 가치가 비교적 항구적으로 지속될 것이다.

이러한 시적 속성을 그 어느 것보다도 전위적으로 실현하는 양식이 아마도 '시조時調'일 것이다. 여기서 시조라는 가장 고색창연한 양식을 두고 '전위前衛'의 위상을 운위하는 까닭은, 그것이 가지고 있는 고유한 역진逆進의 상상력 때문이다. 그래서 시조 양식이 담아내고 있는 시적 풍경은 일종의 '영적靈的 기운'을 담고 있는 경우가

많고, 이때 그것은 우리 삶에서 어떤 대안적인 차원으로 끌어올려진다. 이는 정형 양식의 굴레에도 불구하고 시조가 얼마나 활달하게 우리 시대의 과잉된 부분에 대한 비판적 언어를 내장할 수 있는가를 시사하는 점이다.

2

그래서 우리 시대의 시조 시인들은 가열한 내적 반성을 통해 일종의 '시원' 형상을 복원하려고 노력한다. 여기서 '시원始原'이란, 공간적 유토피아나 시간적 유년기 등을 지칭하지 않는다. 그것은 우리의 지각 형식으로는 가 닿기 어려운 신성神聖의 가치를 내재하고 있는 궁극적 본향이기도 하고, 훼손되기 이전의(역으로 일체의 훼손을 치유한 이후의) 어떤 정신적이고 영적인 경지를 간접화한 형상이기도 하다. 시인들은 그것을 일상 속에서 발견하기도 하고, 아니면 역으로 그것의 회복 불가능성에 대해 절망하기도 한다. 이 같은 역설의 추구를 통해 그들의 언어는 시원의 상상적 완성을 꾀하고 있는 것이다. 우리가 읽으려고 하는 이태순의 시조시학이 발원하는 곳도 이 같은 근대 이전의 훼손되기 이전의 공간을 지향한다. 가령 이번 시집의 표제작이기도 한 다음 시편에 나타난 시적 공간을 보자.

가는 길 그 여름의 팔월 끝은 더 깊어져

질게 드리운 그늘, 넓은 이파리 뒷등에는

바람만 들락거리는 얇디얇은 집 한 채

세상 가장 가벼운 집, 푸른 잎에 벗어 두고

나무 둥치 달라붙어 이젠 울지 않는 저 매미

경건한 빈 집 남기고 풍장 홀로 되어가네

—「경건한 집」 전문

화자가 바라보고 묘사하는 '경건한 집' 은 오랜 시간의 풍화 끝에 삭아가는 매미의 빈 몸이다. 8월의 그늘 아래서 삭아가고 있는 그 "얇디얇은 집 한 채" 는 그렇게 자신의 몸 밖으로 사라져 간다. 세상에서 가장 가벼운 그 '얇은 집' 은 자신의 몸을 푸른 이파리 위에 벗어둔 채, 풍장風葬의 의식을 치르고 날아간다. 바로 "나무 둥치 달라붙어 이젠 울지 않는 저 매미" 를 노래한 이 시편은, 그렇게 빈 몸으로 사라져 가는 존재자의 모습을 "경건한 빈 집" 으로 노래한다. 여기에는 생성되는 에너지보다 소멸되어 가는 순간을 잡아 노래하려는 시인의 심미안이 반영되어 있다. 가령 근대의 효율성이나 속도전 너머에 있는 소멸의 아름다운 질서를 '경건한 집' 으로 노래하는 화자의 마음은 우리 시대의 대안적 시안詩眼을 보여 주기에 족하다. 이를테면 그 '경건한 집'은 "회색빛 긴 과수원 앞 덩그렇게 놓인 빈 집"(「고요리 사과나무」)이기도 하고, "가슴에 빈 집 먼저 든, 늦가을 저 노인들"(「쑥부쟁이」)이 사는 곳이기도 하다.

마찬가지로 이태순 시인은 "발 디딘 곳, 내 집이다 스스로 되뇌면서"(「어둔리 살구나무」) 살아온 자신의 생애를 시집 곳곳에서 아득하게 고백한다. 그 '집'은 한결같이 '외딴 집', '오래된 집', '빈 집'의 형상을 하고 있다. 그런가 하면 '어둔리'나 '한계리', '고요리', '초성리', '마량리', '율곡리', '주음치리' 같은 이 땅의 오지奧地 목록들이 시의 결을 따라 환하게 드러난다. 그렇게 사라져 가는 것들, 그늘진 곳들, 사람들의 발자국이 찾지 않는 곳들이 바로 이태순 시학의 더없는 수원水源이 되는 셈이다.

가을빛 끝물 도는 도피안사 찾아간다
저 산도 어깨 부딪쳐 피멍이 들어 있고
사는 게 어디 한 번쯤 꿰맨 흉터 없을까

이내 걸어가지 못해 손 안 닿은 집 있는지
나지막이 돌아앉은 마른 풀 울음소리
억새풀 속잎이 젖고 바람에 목이 쉰다

살이 삭아, 삭고 나면 피안에 들 수 있을까
타다 남은 장작 지펴 빈 들녘 불 밝힌 날
가랑잎 수북이 쌓여 탑을 하나 만든다

—「마른 풀 울음소리」 전문

'도피안사'는 강원도 철원에 있는 사찰이다. 그 한적한 공간에서 화자는 늦가을 빛과 단풍이 어우러진 풍경을 바라보고 있다. 거기에는 "이내 걸어가지 못해 손 안 닿은 집"이 있어 그곳에서 화자는 마치 "나지막이 돌아앉은 마른 풀 울음소리"가 가깝게 들려오는 것을 느낀다. 그렇게 마른 풀 울음소리처럼 삭아 가면 피안에 도달할 수 있겠는가 하고 화자는 재차 묻는다. 그렇다면 그것은 "타다 남은 장작"을 지펴 "빈 들녘" 환하게 불 밝히는 것처럼, 마른 풀 울음소리를 통해 도피안到彼岸을 이루는 모습으로 이어지게 되는 것이다. 그렇게 비어 있고 한적하고 삭아가는 풍경 속에서 이태순 시학은 발원하고 완성되는 것이다.

그 비어 있는 풍경들은 "누군가 오래 살다 버리고 간 나무집"(「적막한 뜰」)이나 "긴 침묵 깨고 우는 소리"(「청동 금탁」)처럼 희미하지만 엄연히 존재하는 사물들을 깨워 부른다. 이렇듯 이태순 시학의 주조主潮는, 비어 있고 마른 사물들을 응시하면서, 그 소멸해 가는 아름다움이야말로 우리가 생을 다해 노래 불러야 할 둘도 없는 심미적 대상임을 증언한다. 그렇게 "내가 비워 두고 온, 오래된 집 한 채"(「불혹, 깊은 강가에서」)에서, 이태순 시인은 우리 생에서 과잉된 부분을 덜어내고 스스로 결핍을 내재화하면서 노래하고 있는 것이다.

3

또한 이태순 시인은 우리가 지각할 수 있는 어떤 것들도 '시간'의 형식이 아니고는 존재하지 않는다는 사실을 줄곧 발견해 내는 시인이다. 그 과정에서 빈번하게 나타나고 있는 것이 '기억', '흔적', '상처', '유적遺跡', '죽음'과 관련된 각인과 소멸의 이미지들이다. 이처럼 시인은 한결같이 자신이 지나온 시간의 마디들을 시 안쪽으로 되살리면서 그 행간마다에 은폐되어 있는 시간의 흔적들을 아름답게 재구再構하고 있다. 그 일차적 대상은 '아버지'로 나타난다.

구부린 새우처럼 야윈 등뼈 그 위로
잠시 내려앉았던 엷은 햇살 지나가고
일어설 힘조차 잃은 아버지는 애벌레다

부러진 발가락 사이 툭툭 힘줄 끊기고
마르고 들뜬 껍질 허물로 누워 있다
아버지 발끝에 나는 갓 깨어난 흰나비

숨 몰아쉬며 몰아쉬며 가야 할 길 생각한다
편지 못한 날갯죽지 슬프게 파닥이고
내 속엔 꼬물거리는 애벌레가 자란다

—「애벌레」 전문

화자는 '아버지'를 "구부린 새우처럼 야윈 등뼈"를 가진, 일어설 힘조차 없는 '애벌레'로 기억하고 형상화한다. 그 '애벌레'는 "마르고 들뜬 껍질 허물"로 누워 있다. 그와 동시에 화자는 자신을 "갓 깨어난 흰나비"로 비유한다. 마치 '애벌레'가 '나비'로 존재 전환하듯이, 아버지는 화자의 몸속에 깃들이면서 화자로 하여금 "가야 할 길"을 생각하게 하는 존재이다. 그것은 "펴지 못한 날갯죽지"로 슬프게 존재하는 아버지의 모습을 평생 몸속에 지니고 살아야 하는 화자의 기억을 감각적으로 잘 보여 주는 풍경이다.

이렇게 '아버지'는 이태순 시학의 물리적 근간을 이룬다. 이를테면 "아버지 언제 가져 가셨는지 티눈이 없어졌다"(「티눈」)라든지 "늦봄 먼 길 가신 울 아버지"(「가을 손님 — 꿈」) 같은 묘사와 호명은 그의 시학적 근간이 아버지와의 경험적 시간을 통해 이루어지고 있음을 적극 알려 준다. 그 아버지의 뒷모습이 세상으로 나온 것이 바로 '역驛' 그것도 '간이역'의 풍경일 것이다.

아주 작은 간이역, 기차가 지나간다

대합실 나무의자 위 익숙히 앉은 고요
늦가을 초성리역엔 사람 냄새 그립다

바람은 심심풀이로 문틈을 들락거리고
산 너머 낡은 외딴집 안부가 궁금한 날
담장 안 키 작은 꽃이 묵묵히 지고 있다

갈잎 걸친 계절은 철로를 밟고 가고
나 또한 축축이 젖어 갈 길을 서두를 때
손잡은 계집아이들 단풍처럼 볼이 붉다

—「초성리역」 전문

생에 대한 심미적 관조가 머무는 '(간이)역'은, 사람들로 붐비는 현장이 아니라 한적하기 그지없는 상상적 초월의 공간으로 나타난다. 마치 완행열차의 속도만큼, 그곳에 닿는 발걸음은 한없이 느리기만 하다. 그 느림의 시간들이 머물러 있는 '역'은, 우리로 하여금 우리 시대의 오지의 미학을 경험케 한다. 시인은 이러한 오지가 시의 발원지이자 궁극적 귀의처라고 변함없이 노래한다. 거기서 시인은 근원의 소리를 듣기도 하고, 사람들의 따뜻한 이야기를 기록하기도 한다. "그해 겨울 이별은 아직 길 위에 있고/기차는/긴 그림자 끌며/왔던 길 돌아간다"(「그해 겨울 임진강」)라고 한 '기차'와 '역'의 풍경 속에서 말이다.

화자는 "아주 작은 간이역"에서 기차가 지나가는 풍경을 바라본다. 대합실 나무의자 위에는 "앉은 고요"가 익숙하게 내려앉고, 늦가을 간이역의 풍경은 인적이 드물다. 간간이 부는 바람과 "산 너머 낡은 외딴집"만이 있고 "담장 안 키 작은 꽃"만이 묵묵히 지고 있다. 그렇게 간이역의 가을 저녁은 저물고 화자도 갈 길을 서두른다. 화자는 그렇게 간이역이 울려 주는 '침묵의 소리(sound of silence)'를 고즈넉하게 듣고 있는 것이다.

이 같은 풍경들은 "몇 채의 작은 집과 호두나무 숲이 있는 저 곳"(「호두나무가 있는 마을」)과 등가물로 존재한다. 또한 이러한 간이역 풍경은 "몸이 시린 사람들/따뜻하게 채워진 차 한 잔"(「간이역 노부부」)을 제공하고 있는 노부부의 모습이라든지, "주음치리, 강을 끼고 간이역 하나"(「안부」)가 고즈넉하게 앉아 있는 풍경, 그리고 "벌개미취 흐드러진 간이역"의 "흠집 나고 닳아진 나무의자"(「오후 3시」) 같은 사물로 전이되어 지속적으로 이어진다.

우리가 보아온 것처럼, 이태순 시학의 초점은 이처럼 돌아가신 아버지와 낡은 간이역으로 모아지면서, 부재함으로써 존재하고 소멸함으로써 되살아나는 대상들을 불러들이고 있는 것이다.

4

대개 서양의 원근법은 대상을 선택적으로 묘사한다.

그에 비해 사물의 풍경과 소리가 두루 어울리고 화창和唱하는 세계를 담는 우리 쪽 필법筆法은 세계를 다른 시선으로 보는 방법이다. 이때 시인이 사물을 응시하거나 그 소리를 듣는 과정은 그 자체로 하나의 시적 상황을 이루면서, 때로는 사물 자체의 언어로 묘사되고 때로는 시인과 사물이 유추적으로 결합되어 나타나기도 한다. 이처럼 풍경과 소리가 잘 어우러진 세계를 통해 삶의 심연을 암시하는 방법은, 주체의 자기 표현에만 집중해 왔던 근대 시학의 기율에 충분한 반성적 거점을 제공한다.

이태순 시인 역시 "동백꽃 같은 아내, 귀밑머리 흩날리고//심줄 툭/불거진 파도/만개하는 저 소리"(「마량리」)와 "댓잎보다 짙푸르게, 노을보다 붉고 붉게/흰 등뼈 곧추세우고 경전經典 펼쳐 보이는"(「남한강 물빛」) 풍경을 선명하고 참신하게 묘사하는 적공積功을 들임으로써, 새로운 원근법을 제시하고 있다. 가령 그러한 선명한 감각이 어우러진 다음 소품小品들은 매우 산뜻하다.

휘파람새 앉았다 간 찔레 가지 따뜻하다

바람이 먹다 남긴, 하얗게 핀 저 밥알

어머니 손끝 향이여, 가난한 부엌 시장기여

—「밥알」 전문

숱 많은 보랏빛 꽃이 블라우스를 입으란다

거울 속 잔잔하게 웃고 있는 저 여자

꽃주름 서늘한 눈매가, 강물처럼 깊어진다

—「보랏빛 블라우스」 전문

찔레의 가지를 흰 '밥알'의 색조로 묘사하면서 어머니와 함께 겪었을 가난과 사랑을 재현하는 품이며, 보랏빛 꽃에서 여인의 블라우스를 연상하면서 그것이 시간을 따라 깊어지는 모습을 담아내는 격이 예사롭지 않다. 이러한 시선과 필치는 그로 하여금 "바람처럼 걸어가는 노스님 옷자락엔//늦여름 면벽 풀고 끌려가는 저 산 빛!"(「부석사, 흰 달」)을 바라보게 하고, "장작불 활활 타던 그런 격정, 식었지만//우리는 물처럼 흘러, 흘러야 할 묵은 사랑"(「가을 염문」)을 끊임없이 노래하게 하는 원동력이 된다. 그러한 힘이 사람살이의 구체성으로 번져가기도 하지 않는가.

3월은 와 있는데 1번지 눈 올 것 같다

황금빛 굴삭기가 판잣집 우지끈 밟고

흙먼지 풀풀 날리는 언덕 위에 선 아이들

축제처럼, 주문 외듯 입 모아 노래 부른다

두껍아 두껍아, 헌 집 줄게 새집 다오

두껍아 황금 두껍아, 헌 집 줄게 새집 다오

나비같이 팔랑거리는 저 꽃송이 눈꽃송이

손바닥을 펴들고 쫓아가는 아이들

나비야 흰나비 떼야 이리 날아오너라

—「3월에 내리는 눈」 전문

봄은 왔는데 눈이 올 것만 같은 '1번지' 에는 "황금빛 굴삭기가 판잣집 우지끈" 밟고 있는 삶의 구체적 현장이다. 거기에는 "흙먼지 풀풀 날리는 언덕 위에 선 아이들" 이 얼마 안 있으면 사라져 버릴 자신들의 '집' 을 슬프게 노래하고 있다. 그것이 모두의 유년 시절을 환기하는 "두껍아 두껍아, 헌 집 줄게 새집 다오" 라는 노랫말에 실려 전해진다. 마치 축제처럼, 주문처럼, 반복되는 이 노래는 이제 "두껍아 황금 두껍아, 헌 집 줄게 새집 다오" 로 변형되어, 자본주의 사회가 가져오는 폭력성에 대한 성찰을 제공한다. 하지만 "나비같이 팔랑거리는 저 꽃송이 눈꽃송이" 같은 눈을 따라 쫓아가는 아이들이 부르는 "나비야 흰나비 떼야 이리 날아오너라" 에 실려, 아이들은 3월에 내리는 눈처럼 지상에서 받아들여지지 않는다.

이러한 사회적 타자들을 포괄해 들이는 시인의 시선은 "재래시장 한 귀퉁이 구부정한 김씨 아저씨"(「서산 마애존불」)를 부처로 바라보는 따스한 마음씨를 잘 보여 준다. 마찬가지로 "한 순간 다 휩쓸어 갔어, 날벼락 덮쳐 와서//허허 참 이상도 하지 상처 자국 이리 깊은데//떠나지 못하는기라, 한계리 못 떠나는기라……"(「한계리 그 후」) 라고 독백처럼 되뇌던 사람들의 생을 관통하기도 한다. 물론 시인은 그러한 가난의 굴레가 해결되기를 강력하게 희원希願하지 않는다. 다만 "푸른 가슴 열어 줄 그리운 포구에는/배 한 척 대는 소리에 또 봄은 오겠지"(「강」)라면서, 가장 원형적인 우리 삶의 아름다움을 눈물 글썽이면서 바라볼 뿐이다. 그것이 이태순 시학이 가지는 근원적 깊이의 장처長處요 고유한 미덕이 아닐 수 없다.

5

다이언 애커먼(Diane Ackerman)은 그의 「감각의 박물학」에서, '감각' 이 자아와 세계에 놓여 있는 창窓이며, 자아는 그 창을 통해 세계와 만나고 세계를 바라보게 된다고 하였다. 이처럼 시인의 감각은 결핍에 시달리는 자아와 부재로 얼룩져 있는 세계 사이를 잇는 가장 중요하고 구체적인 창이다. 그 감각을 통해 시인은 자신의 원체험을 발견하고 그것을 시 안에 풀어놓는다. 시인의 원체험은 이처럼 가장 오랜 기억에 머물러 있으며 지속적으로 시인의 감각에 영향을 준다. 모든 시인은 이러한 원체험을 부단히 변형해 '기억'을 통해 자기동일성을 획득해 간다. 그 점에서 시적 경험은 현재의 기억에 의해 선택되고 재구성되고 재배열되는 어떤 것이다. 이태순 시인의 기억 속에서 소멸과 상처의 원체험은 부단히 변형되어 나타나는 시적 자질이다.

이태순 시편들은 '시간'에 대한 경험과 '기억'의 재구성이라는 특성을 지닌다. 그만큼 그의 시는 '기억'의 다양한 양상을 다루고, 우리는 그의 시가 수행하는 '기억'의 원리를 따라 삶의 어떤 근원에 대한 경험을 치른다. 그 점에서 그의 시편들은 시인 스스로 자신을 탐색하고 성찰하는 자기 확인의 속성을 강하게 띤다. 우리가 확인한 그 자기 확인의 세목細目들은, 비어 있음과 고요함, 부재와 침묵, 가난의 풍경과 사랑의 에너지로 가득 차 있다. 그것을 그는 격정적 목소리로 외치지 않고, 탄탄하고 심미적인 감각과 상상력으로 나직하게 표현한다. 그렇게 근원을 갈망하는 감각과 상상력이 이태순만의 시조미학을 구성하고 있는 것이다. 그 오롯한 성취가 「경건한 집」 안에 아름답고 쓸쓸하게 담겨 있다.

경건한 집

지은이 · 이태순
펴낸이 · 유재영
펴낸곳 · 동학사

1판 1쇄 · 2008년 11월 15일
출판등록 · 1987년 11월 27일 제10-149

주소 · 121-884 서울 마포구 합정동 359-19
전화 · 324-6130, 324-6131 | 팩스 · 324-6135
E-메일 | dhak1@paran.com
dhsbook@hanmail.net
홈페이지 | www.donghaksa.co.kr
www.green-home.co.kr

ISBN 978-89-7190-252-3 03810

* 이 시집은 한국문화예술위원회의 문예진흥기금을 지원받아 제작하였습니다.